LIBRES DE LA

ANSIEDAD

7 TEXTOS BÍBLICOS, 7 ORACIONES Y 5 TESTIMONIOS PARA VENCER LA PREOCUPACIÓN, EL TEMOR Y LA ANSIEDAD

LIBRO 1:
CONTRARRESTAR LA
ANSIEDAD

7 TEXTOS BÍBLICOS Y ORACIONES PARA PONER FIN A TU PREOCUPACIÓN, TEMOR Y ANSIEDAD

Dios tiene una respuesta para la ansiedad

Este plan de 7 lecturas bíblicas contiene meditaciones y 7 oraciones que serán de utilidad para disminuir tu ansiedad. Te ayudará a identificar sus causas y entregarlas en las manos de Dios.

Reemplaza el pánico por la paz ¡Permite que tu corazón se llene de esperanza!

CAPÍTULO 1: DEFINE LO QUE TE INQUIETA Y LLÉVALO A DIOS

No se preocupen por nada; en cambio, oren por todo. Díganle a Dios lo que necesitan y denle gracias por todo lo que él ha hecho. Así experimentarán la paz de Dios, que supera todo lo que podemos entender. La paz de Dios cuidará su corazón y su mente mientras vivan en Cristo Jesús.
(Filipenses 4:6-7, NTV)

Da batalla a las preocupaciones

Es fácil aconsejar: "No te preocupes o mantente tranquilo" y pensar que esas palabras producirán milagrosamente que la preocupación se desvaneciera del corazón. Los problemas de ansiedad no se resuelven con frases bienintencionadas, es necesario brindar un apoyo a los que nos rodean para atravesar la adversidad. Así lo hace Dios, no solo dice que no nos preocupemos, sino que apoya en el proceso y brinda su compañía.

Intenta definir qué te preocupa y acércate al Padre presentándole lo que te preocupa. Él brindará su socorro. La fe de que Dios escucha y responde las oraciones de sus hijos es lo que traerá paz y descanso a tu vida en medio de las tormentas de preocupación.

Haz esta oración:

Dios, te entrego en oración lo que produce mi inquietud [intenta enumerar tus inquietudes]. Reconozco que no tengo la capacidad para hacerle frente a todo esto, pero Tú sí. Agradezco de antemano tu accionar y recibo tu paz en medio de toda adversidad. ¡Tú eres mi descanso! Amén.

CAPÍTULO 2: LA FE VENCE LA INCERTIDUMBRE

Deja en las manos de Dios las emociones que no puedes manejar y lo que las produce

Cuando comenzamos algo nuevo es normal que se produzca en nosotros ansiedad: desde una mudanza, casarnos, exámenes o proyectos de negocio. La incertidumbre activa en nosotros una respuesta de ansiedad, pensamos: "¿Qué acontecerá?", "¿Si no pasan las cosas como pienso?".

Por esa razón, necesitamos confiar en que la fe es más poderosa que la ansiedad. Cuando lo que comiences parezca incierto, confía en que Dios tiene planes de bien para nuestra vida y cree en verdad y abrázala, la incertidumbre siempre estará al acecho, pero tú podrás responderle que tu Padre te dará bien.

Cuentas con un Dios que no te abandona jamás. No cedas a imaginar lo que pueda salir mal, sino que activa tu fe: cree que todo saldrá como el Señor desea, el bien vendrá a tu vida. Se requiere el mismo esfuerzo para pensar lo negativo que para hacerlo con fe. Tu Padre cuida de ti, imprime esa convicción en lo profundo de tu ser. Entonces, enfrentarás los desafíos que tienes por delante.

¡Quien confía en el Señor no se agita por la ansiedad!

Haz esta oración:

Padre, reconozco que tienes el control sobre toda mi vida. Nada puede resistirte. Sé que me amas, por eso, dejo las causas que me provocan ansiedad en tu poderosa mano. ¡En ti, puedo vivir seguro!

CAPÍTULO 3: DIOS ME DA DESCANSO EN LA NOCHE

En paz me acostaré y dormiré, porque solo tú, oh Señor, me mantendrás a salvo.

(Salmos 4:8, NTV)

Reposando en la paz de Dios

Muchos duermen, pero no descansan porque no tienen paz. Para hacerlo, procura terminar bien tu día. Antes de acostarte necesitas cerrar los asuntos pendientes, sino intentarás resolverlos en el tiempo que necesitas descansar. Necesitas gozar de un sueño reparador para obtener las energías para el nuevo día. Debes cuidar lo que piensas y no dejar que tus emociones te abrumen antes de dormir.

Las palabras del salmo: "En paz me acostaré", implican que dejamos en Dios lo que nos agita poder hallar reposo en Él. Duerme en la paz de Dios y te despertarás renovado, así harás frente al nuevo día resolviendo lo que te ocurra a cada momento sin dejar que los pendientes se acumulen.

No puedes resolver tu vida antes del amanecer. Así que remite lo que te ocurre a Dios, es mejor que elijas dormir en paz que desvelarte repasando tus problemas. Así lo hizo el salmista, incluso en medio de peligros. Si Dios le dio paz a un rey que sabía que el enemigo acechaba, sin duda, lo hará contigo.

Haz esta oración:

Padre, tengo seguridad de que puedes darme paz y tranquilidad para descansar esta noche. Puedo vivir confiado porque me proteges siempre. No temeré lo que vendrá porque eres mi protector. Descanso en paz y renuevo mis fuerzas. ¡Tú eres mi reposo!

CAPÍTULO 4:
FE PARA ENFRENTAR EL MIEDO

Mientras él todavía hablaba con ella, llegó un mensajero de la casa de Jairo, el líder de la sinagoga, y le dijo: «Tu hija está muerta. Ya no tiene sentido molestar al Maestro».
Cuando Jesús oyó lo que había sucedido, le dijo a Jairo: «No tengas miedo. Solo ten fe, y ella será sanada».
Cuando llegaron a la casa, Jesús no dejó que nadie entrara con él excepto Pedro, Juan, Santiago, y el padre y la madre de la niña.
(Lucas 8:49-51, NTV)

No hay mal que me provoque temor

Jesús siempre supo que las personas experimentamos miedos y que esto resultó un problema para nosotros. Sabe de nuestros temores en profundidad. En la Biblia, encontramos que se repite la frase: "No tengas miedo" y similares, unas trescientos sesenta y cinco veces. El Señor conoce que hay circunstancias que nos provocan desde un temor leve hasta otras que nos aterran paralizándonos. Pero, no podemos dejar que los temores nos dominen, necesitamos permanecer confiados: Dios obrará para nuestro bien.

Digámosle al Señor nuestros pensamientos, emociones y lo que creemos que acontecerá. Él sabe cómo actuar con lo que acontece en nuestro interior. Dejemos que Él traiga pasajes bíblicos a nuestra mente y transforme nuestros pensamientos. También, prestemos atención a lo que decimos buscando identificar cómo nos sentimos. Pensemos, creamos y conversemos con fe. Dejemos que esta anule el temor que nos provocan nuestras circunstancias.

Haz esta oración:

Padres, te entrego mis temores. Tú eres mi fuente de tranquilidad, eres mi refugio en las tormentas. Estás al gobierno de todo. Aunque atraviese problemas de salud, necesidad financiera o grandes problemas se avecinen, no cederé al temor porque elijo la confianza en Ti. ¡En ti tengo la valentía que necesito frente a toda adversidad!

Dios es nuestro refugio y nuestra fuerza; siempre está dispuesto a ayudar en tiempos de dificultad. Por lo tanto, no temeremos cuando vengan terremotos y las montañas se derrumben en el mar.
(Salmos 46:1-2, NTV)

CAPÍTULO 5:
FE PARA VENCER A LA MUERTE

Aun cuando yo pase por el valle más oscuro, O el oscuro valle de la muerte, no temeré, porque tú estás a mi lado. Tu vara y tu cayado me protegen y me confortan. Me preparas un banquete en presencia de mis enemigos. Me honras ungiendo mi cabeza con aceite. Mi copa se desborda de bendiciones. Ciertamente tu bondad y tu amor inagotable me seguirán todos los días de mi vida, y en la casa del Señor viviré por siempre.
(Salmos 23:4-6, NTV)

Vence el miedo a morir

Tu fe afecta tanto tu presente como tu futuro y eternidad. El temor tiene el poder de paralizarte, pero la fe te permite dar un paso más en los momentos de mayor inestabilidad. Nuestro Padre, en su palabra, promete que tendremos un final de bendición si ponemos nuestra confianza en Él. Confía en que tu futuro está asegurado, así vencerás tus temores de hoy, ¿qué puedes asustarte si tu mañana está garantizado?

No permitas que la angustia llegue a apretarte. La fe te ensanchará. Nada te falta si tienes a Dios. Él te cuida como lo hace un pastor con su oveja. Reconoces que te está cuidando y deja ir a tus temores persistentes. El camino puede transformarse en valle de sombra y muerte, pero mantén la confianza en tu Pastor, Él puso su vida por ti para salvarte y, sin duda, hoy te protegerá.

Haz esta oración

Padre, aunque atraviese la adversidad, no temeré por mi vida. Sé que tu presencia me acompaña a donde quiera que vaya y que no existe enemigo o arma que pueda dañarme: Tú eres mi defensor. La muerte no me vencerá ¡Tú la derrotaste!

CAPÍTULO 6: CONFÍA EN SUS PROMESAS Y TU VIDA CAMBIARÁ

Jesús notó dos barcas vacías en la orilla porque los pescadores las habían dejado mientras lavaban sus redes. Al subir a una de las barcas, Jesús le pidió a Simón, el dueño de la barca, que la empujara al agua. Luego se sentó en la barca y desde allí enseñaba a las multitudes.

Cuando terminó de hablar, le dijo a Simón:

—Ahora ve a las aguas más profundas y echa tus redes para pescar.

—Maestro —respondió Simón—, hemos trabajado mucho durante toda la noche y no hemos pescado nada; pero si tú lo dices, echaré las redes nuevamente.

Y esta vez las redes se llenaron de tantos peces ¡que comenzaron a romperse!

(Lucas 5:2-6, NTV)

Las palabras de Jesús quitan tu ansiedad

Jesús desea alejarse de la costa, elige una barca, en la que entra. Le dice a Pedro que aparte su barca mar adentro. El discípulo no sabe que lo alejará de lo que conoce, ha tratado de pescar toda la noche, pero en los dichos de Jesús echará su red. Él es el soberano, el poderoso, puede hacer sin límites. Así que al seguir sus dichos vemos que acontece lo inesperado. La fe es nuestro mayor activo. Nuestras fuerzas no bastan, pero allí entra el poder de Dios.

Pedro siguió las palabras de Jesús. Nosotros tenemos las palabras y promesas en la Biblia, que tiene mayor vigencia que el cielo y la tierra. No hay nada más permanente en la creación que la Palabra de Dios. Eso la convierte en el lugar de mayor firmeza para poner nuestra confianza.

Haz esta oración:

Padre, a pesar de sentirme preocupado confiaré en ti y tendré paz. Creo en tu palabra y tus promesas. Tú obrarás en mi vida. ¡En tu palabra, haré lo que no es posible por mí mismo!

Estoy tirado en el polvo;

revíveme con tu palabra.

Te conté mis planes y me respondiste.

Ahora, enséñame tus decretos.

Ayúdame a comprender el significado de tus mandamientos,

y meditaré en tus maravillosas obras.

Lloro con tristeza;

aliéntame con tu palabra.

(Salmos 119:25-28, NTV)

CAPÍTULO 7: LA COMPAÑÍA DE DIOS PRODUCE DESCANSO EN LA TORMENTA

Luego Jesús entró en la barca y comenzó a cruzar el lago con sus
discípulos. De repente, se desató sobre el lago una fuerte
tormenta, con olas que entraban en el barco; pero Jesús dormía.
Los discípulos fueron a despertarlo:
—Señor, ¡sálvanos! ¡Nos vamos a ahogar! —gritaron.
—¿Por qué tienen miedo? —preguntó Jesús—. ¡Tienen tan poca
fe!
Entonces se levantó y reprendió al viento y a las olas y, de
repente, hubo una gran calma.
(Mateo 8:23-26, NTV)

La fe vence los temores

La duda es poderosa, cuando se hace presente no percibimos nada más que esta. Literalmente puede afectar cualquiera de las áreas de nuestra vida y causarnos grandes complicaciones. Si dejamos que aborde nuestro pensamiento, con mucha facilidad tendremos ideas catastróficas cuando las circunstancias se tornen adversas. En la Biblia, se nos enseña que no debemos pensar de acuerdo con los parámetros de este mundo, sino tener la mente de Cristo. También, nuestras emociones pueden ser afectadas por las dificultades. Sin mucho esfuerzo, las emociones pueden conducir nuestro mundo interno lejos del diseño de Dios para nosotros. Si no las administramos con sabiduría nos volveremos impulsivos.

Así que no permitamos que nuestra manera de pensar se vuelva fatalista y creer que nuestro futuro será malo. Lo que estás atravesando no es permanente. Si Dios es tu salvador no hay razón para creer que la calamidad te acontecerá.

Los discípulos se encontraban navegando en la tormenta creyendo que morirían. Así que despiertan a Jesús, mientras tenían pavor. No se repararon de que si Jesús estaba con ellos saldrían victoriosos. Él descansaba en la tormenta, porque tenía la paz de Dios.

Si tenemos fe, creeremos que la compañía de Jesús es suficiente. Nuestras tormentas personales: el temor, la incertidumbre o los problemas de la vida, serán derrotados. Confía en que los planes de Dios resultarán como pensó: en bien y no en mal, reposa en sus palabras y cuando las tempestades arrecien, el Dios en la barca actuará y ya no habrá nada que temer.

Haz esta oración:

Padre, creo que mi futuro será glorioso. No hay circunstancia por la que pase que anule tus promesas. Tengo la certeza de que tus propósitos para mí se cumplirán. ¡Nada me hará perder la esperanza, Tú estás en mi barca!

La fe demuestra la realidad de lo que esperamos; es la evidencia de las cosas que no podemos ver. Por su fe, la gente de antaño gozó de una buena reputación.

(Hebreos 11:1-2, NTV)

ANEXO: VERSÍCULOS ADICIONALES PARA CONTRARRESTAR LA ANSIEDAD

*No se inquieten por nada; más bien, en toda ocasión, con
oración y ruego, presenten sus peticiones a Dios y denle gracias. Y
la paz de Dios, que sobrepasa todo entendimiento, cuidará sus
corazones y sus pensamientos en Cristo Jesús.*
(Filipenses 4:6-7)

*... digan a los de corazón temeroso: «Sean fuertes, no tengan
miedo. Su Dios vendrá, vendrá con venganza; con retribución
divina vendrá a salvarlos».*
(Isaías 35:4)

*Dios es nuestro amparo y nuestra fortaleza, nuestra ayuda
segura en momentos de angustia. Por eso, no temeremos aunque
se desmorone la tierra y las montañas se hundan en el fondo del*

mar.
(Salmo 46:1-2)

Torre inexpugnable es el nombre del Señor; a ella corren los justos y se ponen a salvo.
(Proverbios 18:10)

Ya te lo he ordenado: ¡Sé fuerte y valiente! ¡No tengas miedo ni te desanimes! Porque el Señor tu Dios te acompañará dondequiera que vayas.
(Josué 1:9)

Por lo tanto, pónganse toda la armadura de Dios, para que cuando llegue el día malo puedan resistir hasta el fin con firmeza.
(Efesios 6:13)

¿A quién tengo en el cielo sino a ti? Si estoy contigo, ya nada quiero en la tierra. Podrán desfallecer mi cuerpo y mi espíritu,

pero Dios fortalece mi corazón; él es mi herencia eterna.
(Salmo 73:25-26)

El Señor mismo marchará al frente de ti y estará contigo;
nunca te dejará ni te abandonará. No temas ni te desanimes.
(Deuteronomio 31:8)

La paz les dejo; mi paz les doy. Yo no se la doy a ustedes como la
da el mundo. No se angustien ni se acobarden.
(Juan 14:27)

Más bien, busquen primeramente el reino de Dios y su justicia,
y todas estas cosas les serán añadidas. Por lo tanto, no se
angustien por el mañana, el cual tendrá sus propios afanes.
Cada día tiene ya sus problemas.
(Mateo 6:33-34)

Pero yo siempre estoy contigo, pues tú me sostienes de la mano
derecha. Me guías con tu consejo, y más tarde me acogerás en

gloria.
(Salmo 73:23-24)

*Cuando en mí la angustia iba en aumento, tu consuelo llenaba
mi alma de alegría.*
(Salmo 94:19)

*...pero los que confían en el Señor renovarán sus fuerzas; volarán
como las águilas: correrán y no se fatigarán, caminarán y no se
cansarán.*
(Isaías 40:31)

*El Señor es quien te cuida, el Señor es tu sombra protectora. De
día el sol no te hará daño, ni la luna de noche. El Señor te
protegerá; de todo mal protegerá tu vida. El Señor te cuidará en
el hogar y en el camino, desde ahora y para siempre.*
(Salmo 121:5-8)

*Desde mi angustia clamé al Señor, y él respondió dándome
libertad. El Señor está conmigo, y no tengo miedo; ¿qué me*

puede hacer un simple mortal?
(Salmo 118:5-6)

[Jesús dijo] No se angustien. Confíen en Dios, y confíen también en mí.
(Juan 14:1)

Aun si voy por valles tenebrosos, no temo peligro alguno porque tú estás a mi lado; tu vara de pastor me reconforta.
(Salmo 23:4)

Y Dios puede hacer que toda gracia abunde para ustedes, de manera que siempre, en toda circunstancia, tengan todo lo necesario, y toda buena obra abunde en ustedes.
(2 Corintios 9:8)

Pues Dios no nos ha dado un espíritu de timidez, sino de poder, de amor y de dominio propio.
(2 Timoteo 1:7)

Cuando siento miedo, pongo en ti mi confianza. Confío en Dios y alabo su palabra; confío en Dios y no siento miedo.
(Salmo 56:3-4 a)

Así que no temas, porque yo estoy contigo; no te angusties, porque yo soy tu Dios. Te fortaleceré y te ayudaré; te sostendré con mi diestra victoriosa.
(Isaías 41:10)

Aunque busques a tus enemigos, no los encontrarás. Los que te hacen la guerra serán como nada, como si no existieran. Porque yo soy el Señor, tu Dios, que sostiene tu mano derecha; yo soy quien te dice: "No temas, yo te ayudaré".
(Isaías 41:12-13)

Bendeciré al Señor en todo tiempo; mis labios siempre lo alabarán. Mi alma se gloría en el Señor; lo oirán los humildes y se alegrarán. Engrandezcan al Señor conmigo; exaltemos a una su nombre. Busqué al Señor, y él me respondió; me libró de todos

mis temores.
(Salmo 34:1-4)

El Señor es mi luz y mi salvación; ¿a quién temeré? El Señor es el baluarte de mi vida; ¿quién podrá amedrentarme? Cuando los malvados avanzan contra mí para devorar mis carnes, cuando mis enemigos y adversarios me atacan, son ellos los que tropiezan y caen. Aun cuando un ejército me asedie, no temerá mi corazón; aun cuando una guerra estalle contra mí, yo mantendré la confianza.
(Salmo 27:1-3)

Y ustedes no recibieron un espíritu que de nuevo los esclavice al miedo, sino el Espíritu que los adopta como hijos y les permite clamar: «¡Abba! ¡Padre!»
(Romanos 8:15)

¿No se venden dos gorriones por una monedita? Sin embargo, ni uno de ellos caerá a tierra sin que lo permita el Padre; y él les tiene contados a ustedes aun los cabellos de la cabeza. Así que no

tengan miedo; ustedes valen más que muchos gorriones.
(Mateo 10:29-31)

Confía en el Señor de todo corazón, y no en tu propia inteligencia. Reconócelo en todos tus caminos, y él allanará tus sendas.
(Proverbios 3:5-6)

No teman a los que matan el cuerpo, pero no pueden matar el alma. Teman más bien al que puede destruir alma y cuerpo en el infierno.
(Mateo 10:28)

Soy yo mismo el que los consuela. ¿Quién eres tú, que temes a los hombres, a simples mortales, que no son más que hierba? ¿Has olvidado al Señor, que te hizo; al que extendió los cielos y afirmó la tierra?
(Isaías 51:12-13a)

¿Quién nos apartará del amor de Cristo? ¿La tribulación, o la angustia, la persecución, el hambre, la indigencia, el peligro, o la violencia? Así está escrito: «Por tu causa siempre nos llevan a la muerte; ¡nos tratan como a ovejas para el matadero!» Sin embargo, en todo esto somos más que vencedores por medio de aquel que nos amó. Pues estoy convencido de que ni la muerte ni la vida, ni los ángeles ni los demonios, ni lo presente ni lo por venir, ni los poderes, ni lo alto ni lo profundo, ni cosa alguna en toda la creación podrá apartarnos del amor que Dios nos ha manifestado en Cristo Jesús nuestro Señor.
(Romanos 8:35-39)

Depositen en él toda ansiedad, porque él cuida de ustedes.
(1 Pedro 5:7)

LIBRO 2:
DIOS TIENE LA RESPUESTA PARA LA ANSIEDAD

5 HISTORIAS INSPIRADORAS DE PERSONAS QUE VENCIERON LA ANSIEDAD

Existe una manera para hacer frente a las innumerables preocupaciones que te abruman. Puedes experimentar una paz verdadera y tranquilidad en tu alma, sin igual.
Dios es la respuesta.

Capítulo 1:
No necesitas huir, Dios ya está aquí

No se inquieten por nada; más bien, en toda ocasión, con oración y ruego, presenten sus peticiones a Dios y denle gracias. Y la paz de Dios, que sobrepasa todo entendimiento, cuidará sus corazones y sus pensamientos en Cristo Jesús.
(Filipenses 4:6-7, NVI)

Siento que vivo escapando

Quien experimenta ansiedad siente que vive como si se encontrara escapando, solo que no hay un lugar al cual llegar. Aquellos que han experimentado ataques de pánico describen que sienten esta sensación mientras los pensamientos de preocupaciones les absorbe, les cuesta respirar, el temor crece sin límites, y creen que morirán.

Experimentamos la ansiedad en distintos niveles. Un hombre cuenta que en su trabajo de oficina llegan correos constantes, y las alertas se suman en su computadora. La sociedad parece que no nos deja "ponernos al día".

¿Cómo vivir sin ansiedad en un mundo que complota para que esto ocurra? Dios tiene la respuesta. Mientras el mundo se acelera, Él vive en paz y nosotros también podemos tener esa paz. Por lo general, nos abrumamos y creemos que no debemos sentirnos así. No sabemos bien cuáles son las causas, pero reconocemos la sensación de ansiedad. Es normal, estás funcionando bien, el trabajo debe ser reconocer las causas y gestionar la intensidad para que sea adecuado el nivel.

Mira a Dios a tu alrededor

Así que deja de correr, detente y comienza a actuar. No estás solo, el Dios poderoso está contigo. Me gustan las palabras de la Biblia, porque enseña que puedes vivir sin libre de la ansiedad gracias a la presencia de Dios:

No se inquieten por nada; más bien, en toda ocasión, con oración y ruego, presenten sus peticiones a Dios y denle

No has podido solo. Así que puedes buscar a Dios. Pedirle puntualmente que modifique tus acontecimientos: horarios, tareas, relaciones personales, tu reacción o interpretación de algo o alguien. Dios está siempre contigo, mira a tu alrededor. Intenta percibir su tranquilidad y deja que te inunde con su paz que sobrepasa todo entendimiento.

Estas palabras de la Biblia se aplican a toda circunstancia, a cada detonador que provoque en ti ansiedad. Acerca a Dios, percibe su cercanía.

La presencia del Creador te llenará de paz en cada momento.

Capítulo 2: Gracia en medio de la ansiedad

Aun cuando he recibido de Dios revelaciones tan maravillosas. Así que, para impedir que me volviera orgulloso, se me dio una espina en mi carne, un mensajero de Satanás para atormentarme e impedir que me volviera orgulloso. En tres ocasiones distintas, le supliqué al Señor que me la quitara. Cada vez él me dijo: «Mi gracia es todo lo que necesitas; mi poder actúa mejor en la debilidad». Así que ahora me alegra jactarme de mis debilidades, para que el poder de Cristo pueda actuar a través de mí.
(2 Corintios 12:7-9, NTV)

Leí algunas historias que me impactaron[1] y me gustaría relatarlas.

Él se llama Jordan y descubrió que lucha con la ansiedad lo acercó a Dios. No fue fácil, pasó un año entero orando pidiendo que la ansiedad se alejara de Él. En este proceso

---

[1] Muchas de las historias que cito fueron contadas originalmente por el ministerio Life Church

descubrió que había acontecido algo mucho más significativo: había establecido una relación firme con Dios a través de Jesús.

"Pienso que moriré"

Con esas palabras Jordan abordó a su consejero. Cada noche intentaba dormir, pero no podía. El pánico lo despertaba sin poder identificar una razón. Se le comprimía su pecho y no podía respirar pensando que se ahogaría. Ni Él ni su esposa sabían qué hacer. Se volvió tan frecuente que comenzó a dormir sentado en otra habitación para no despertar a su esposa.

En una de sus visitas al médico, explicó lo que sentía: dolor en el pecho, no podía dormir y los ataques de pánico. Luego de que lo revisaran, lo diagnosticaron con ansiedad.

Este hecho entró en conflicto con su fe. ¿Había fracasado como creyente? Le había pedido a Dios sobre esto con intensidad y durante mucho tiempo ¿No lo había hecho bien? "¡Dios me mandó a tener paz! Y no lo estoy consiguiendo", pensó dentro de sí. Así que hizo lo que su doctor le indicó que era tomar una pequeña dosis de medicamentos, mientras continuó orando para que la ansiedad se fuera. Ya estaba cansado de eso.

Él leyó en su Biblia sobre el "aguijón en la carne" (2 Corintios 12), algo que había padecido Pablo. No sabemos por completo de qué se trataba ese "aguijón", pero eso era lo que Él sentía: la ansiedad se parece mucho a un "aguijón". Pablo también había orado y rogado a Dios que lo quitara, y lo hizo tres veces. Lo sorprendente fue la respuesta que recibió: "Bástate mi gracia, porque mi poder se perfecciona en la debilidad". La gracia era mayor que su padecimiento y, en Dios, este no lo hacía más débil, sino más fuerte.

Maravillosa gracia, es suficiente. La gracia supera a todas las circunstancias. Él oró para recuperar su salud y se acercó con fervor a Jesús. Al igual que a Pablo, Dios no le quitó su "aguijón", pero le dio: gracia. Nunca había leído las escrituras con tanta pasión y ni había orado así.

Él buscó deshacerse de la ansiedad, pero en el camino entró más de Jesús. Al contar su historia, no lo hace como quien se hubiera rendido o conformado. Él no pudo hacer nada para evitar su situación ni tampoco para detenerla. Pero, encontró gracia para la ansiedad.

La ansiedad le permitió desarrollar un entendimiento profundo de Dios y una relación más estrecha llena de muchos matices. Ya no oraba por la paz, ahora quería vivir cerca del Príncipe de Paz. Su futuro le preocupaba, pero ahora su mejor amigo era el Alfa y la Omega, el principio y el fin, el primero y el último.

La ansiedad no se fue por completo, pero encontró algo superior: "la inmensa y amorosa presencia de Jesús en mi vida, en medio de la ansiedad".

En paz me acostaré y dormiré, porque solo tú,
oh Señor, me mantendrás a salvo.
(Salmos 4:8, NTV)

No tendrás temor de pavor repentino.
(Proverbios 3:25)

Yo me acosté y dormí,
y desperté, porque Jehová me sustentaba.
(Salmos 3:5)

Capítulo 3:
Su luz está en camino

En él estaba la vida, y la vida era la luz de los hombres. La luz en las tinieblas resplandece, y las tinieblas no prevalecieron contra ella.

(Juan 1:4-5)

Jesús está presente cuando experimentamos ansiedad. Lo percibamos o no, Él está en todo lugar. Esta es la historia de Chelsea. Luego de graduarse, ella comenzó a experimentar ansiedad y fue cuando Dios trajo su paz a su vida.

Los temores, preocupaciones y la depresión habían invadido su vida. Experimentaba náuseas frecuentes, lo que le dificultaba comer. También, dormía más de 12 horas diarias y levantarse de la cama era un gran esfuerzo. Ella estaba tan absorbida en sus pensamientos que muchos días ni siquiera emitía una palabra. Se dio cuenta de que la situación no podía continuar por lo que buscó ayuda en su familia, visitó un doctor, consejeros, pastores y amigos, pero su vida se había vuelto demasiado difícil y no parecía encontrar una salida.

Todos tenemos malos días y, a veces, malas rachas que duran un tiempo. Pero, para ella el tiempo había sido demasiado. Recuerdas la historia del Viernes Santo, Jesús había muerto y quienes tenían esperanza en Él se encontraban desaseados. Todo se había hecho sombrío. El día interminable de oscuridad. Eso sentía ella: "interminable oscuridad".

Entonces, la esperanza comenzó a brillar. Solo era un tiempo que debían transitar porque Jesús estaba por hacerse presente con su luz. El domingo la esperanza comenzó a brillar: Jesús había vencido lo invencible, la muerte.

En su día más oscuro, Chelsea se acercó a Dios. Le pidió que iluminara con su verdad sobre las mentiras del enemigo, que le ayude a no dejarse conquistar por ansiedad, que su confianza en el control del Señor creciera, y a creer que el Espíritu que levantó a Cristo de la muerte podía obrar en ella en su lucha.

Dos días después, el domingo, algo había acontecido en su interior. Despertó sin el peso de la depresión y sin el sentimiento de ansiedad. Por primera vez, en mucho tiempo, se encontraba experimentando la paz. Había ocurrido un milagro dentro de sí, el favor de Dios se había extendido a ella.

Jesús fue su esperanza en los días oscuros. Aunque no siempre podía percibirlo, estaba presente. Ella se sentía lejos, pero Dios se había acercado.

No puedo decir si en tu caso se resolverá de la misma manera que ella, repentina y milagrosamente. Pero, con seguridad Dios está presente y te acompañará en cada momento. Tiene a Jesús que comprende el sufrimiento humano. Él te ama tanto que dejó el Cielo para morir por ti y para poner fin a tu oscuridad.

Confía, tu domingo está en camino. Su luz está en camino.

Capítulo 4:

La paz que sobrepasa las circunstancias

Tú guardarás en perfecta paz a todos los que confían en ti; a todos los que concentran en ti sus pensamientos.
(Isaías 26:3, NTV)

Otras de las historias inspiradoras sobre este tema es la de Cheri. Ella tardó 11 años para encontrar la paz.

Ella relata que ya no podía seguir viviendo como lo hacía. Aunque era seguidora de Jesús, muchas cosas no se diferenciaban de la de los demás. El temor y las preocupaciones eran frecuentes y a pesar de que escuchaba y leía pasajes bíblicos sobre no tener miedo y no estar ansiosa, le parecía algo imposible de alcanzar. Sin embargo, Dios tiene una respuesta para la ansiedad, y su antídoto es la paz.

Jesús y sus discípulos se encontraban cruzando el mar de Galilea cuando la tempestad comenzó a azotarlos, y parecía que se hundirían. Estaban haciendo todo lo posible para seguir navegando, luchando por sus vidas, pero Jesús dormía en medio de las tormentas.

Los discípulos lo despertaron y le replicaron: "Maestro, ¿no te importa importamos? ¡Nos vamos a ahogar!". Jesús hizo algo inexplicable, se levantó y reprendió a la tormenta, y todo quedó completamente tranquilo al instante. El asombro estaba presente y Él le preguntó: "¿Por qué tienen tanto miedo? ¿Todavía no tienen fe?" (Marcos 4:40, NVI).

Esa escena representaba con claridad lo que ella había sentido todo este tiempo y sus oraciones. Ella sentía que moría en medio de una tempestad con un miedo aterrador y Jesús parecía dormir y preguntar qué la asustaba. ¿No es evidente que debemos temer por nuestra vida? La calma de Dios dice lo contrario.

Nuestros sentidos nos dicen que lo que nos rodea debe decirnos cuánta paz sentimos: si todo marcha bien, debemos tener paz, pero si todo marcha mal, debemos sentirnos con estrés, ansiedad y desgaste extremo. Así estaban actuando los seguidores de Jesús en la tormenta. Y, así estaba actuando ella: temerosa de la tormenta, confundida por la indiferencia de Dios.

Pero, algo cambió. Jesús les estaba enseñando a experimentar paz y tranquilidad, haya tormentas o no. ¿Has aprendido esta lección? A menudo, la debo repetir. Luchamos contra las circunstancias, luchamos por comprender a Dios, nos preguntamos qué está haciendo. Entonces, de un momento al otro, nos damos cuenta de la verdad: las tormentas evidencian cuánto confiamos en Dios.

Paz no es que todo irá según mis planes, sin riesgos, sino una quietud inexplicable cuando arrecian los vientos que sacuden tu vida. Ella dice: "No había aprendido a confiar en Dios y encontrar paz en las tormentas". Era tan evidente, el camino. Ahora, se encuentra en dirección hacia la paz que se obtiene mediante la confianza y dejar nuestros pensamientos en las manos del que no se perturba por las tormentas.

El proceso podrá tardar, pero la paz de Dios nos ayudará recobrar fuerzas en medio de las situaciones y emociones que nos desgastan.

Capítulo 5: Si probaste hacer todo, prueba "no hacer"

Ustedes viven siempre angustiados y preocupados. Vengan a mí,
y yo los haré descansar.
(Mateo 11:28, TLA)

Les dejo un regalo: paz en la mente y en el corazón. Y la paz que
yo doy es un regalo que el mundo no puede dar. Así que no se
angustien ni tengan miedo.
(Juan 14:27, NTV)

Si eres creyente y has sufrido ansiedad es posible que te hayas sentido culpable pensando que algo has hecho mal. Puede que te hayas sentido ansioso por sentirte ansioso. Lorena se encontraba en ese punto cuando descubrió que algo cambiaría.

Su matrimonio se había desgastado hasta el punto límite. Se había hecho cargo de la crianza de sus tres hijos, dos eran adolescentes. Las tareas eran muchas: debía trabajar y ocuparse de los quehaceres de la casa, llevarlos a donde debían ir, ocuparse de lo económico, todas las tareas se habían vuelto su responsabilidad. Su ansiedad se había disparado a las nubes de ida y vuelta, y se sentía impotente al respecto.

Buscó ayuda en consejeros, medicinas, ejercicios físicos, meditación y repetición de pasajes bíblicos, intentó todo en lo que puedas pensar. Pero, nada parecía funcionar. Ella confiesa que muchas cosas fueron de utilidad, pero no le ofrecieron las soluciones que necesitaba. A veces, podía enfocarse en Cristo, pero luchas con su mundo emocional eran muy grandes. En retrospectiva, había tratado de todo, excepto "no tratar". Extraño pensamientos, ¿no? Es menos raro de lo que parece.

En la Biblia hay una cantidad sorprendente de textos sobre la preocupación. Pero, ninguno es una "fórmula mágica" que acomode el interior de manera definitiva. No hay recetas sobre que hacer, más bien un llamado a no hacer. Pon atención y descubrirás que al descansar en el Padre, Él promete que actuará cuando nosotros soltamos las riendas.

Por ejemplo, en Mateo 11:28, Jesús dice: "Venid a mí todos los que estáis trabajados y cargados, y yo os haré descansar". ¿Cuál es nuestro trabajo? Ir a Él y confiar, entonces, hará.

Otro texto que expresa el accionar de Dios es Juan 14:27, Él dice: "La paz os dejo, mi paz os doy". Queremos fabricar nuestra propia paz, nos hartamos de hacer y nos frustramos por no conseguir resultados. Pero, si abrimos el corazón turbado por las preocupaciones e incertidumbres, el Señor nos da su paz. El descanso que buscábamos estaba esperándonos en Él. Lo que debíamos hacer era "no hacer".

En el conocido pasaje de Mateo 6:25-34, Jesús aborda la preocupación. Él explica que el Padre viste a la hierba del campo, ¡cuánto más nos cuidará a nosotros! Así que debemos buscar "primeramente el reino de Dios y su justicia, y todas estas cosas os serán añadidas". La idea es clara, al buscar el reino las preocupaciones se esfuman.

Dios ama, y su amor lo hace un dador. Hay mucho que no podemos hacer y eso está bien. Lo necesitamos a Él y eso también está bien.

Ella cuenta que de distintas maneras, todas las preocupaciones que tenía se iban solucionando. Pero, la paz llegó solo cuando se tomó un respiro para acercarse a Jesús y descansar en Él. Soltó los detalles en su presencia y le dijo que confiaba por completo en Él. Así aprendió a "no hacer" para confiar en que Dios hará, finalmente, la paz llegó. Su manera de orar cambió ya no son tanto sobre su situación, sino sobre la confianza en Él.

Si te sientes identificado con su historia, necesitas hacer lo mismo que ella. Confía en Él, descansa en Él. Cada tanto ella vuelve a sentir que las circunstancias la sobrepasan y la ansiedad comienza a venir, entonces, ora:

Querido Dios,

Me acerco a pedir ayuda. Tú eres mi todo. Dame de nuevo tu descanso, lo necesito. Entrego mis cargas y lo que me causa preocupación. Tómalas. Recibo tu paz, tu amor y tu entendimiento. Ayúdame a centrar los ojos en ti y no en mí. Ayúdame a dejar de hacer, para comenzar a confiar. Ayúdame a esperar en Ti. Dame sabiduría, esperanza y paz.

Gracias, Señor, por tu paciencia y gracia. Te amo, y sé que me amas más de lo que me puedo imaginar.

Amén.

Capítulo 6:
La ansiedad enferma el cuerpo, pero el agradecimiento aleja la ansiedad

Es difícil alabar a Dios en medio del proceso y del dolor, pero Brian lo consiguió. Su ansiedad llegó a afectar su cuerpo, pero descubrió que el dolor no anula la adoración.

Él debió enfrentar la ansiedad y el pánico cuando residía en un país extranjero. Fue duro, debía aprender el idioma, iniciar un negocio, iluminar para Cristo en un lugar en el que prácticamente no había una iglesia, y criar a gemelos de un año de edad. Él describe ese momento como descender de a poco en un valle de oscuridad.

Entonces, comenzaron los dolores en el pecho, jaquecas y solía enfermar con frecuencia por el miedo y preocupación.

Nunca había batallado con la preocupación a este nivel y hasta el momento se consideraba alguien capaz de tomar grandes riesgos. La lucha no solo era física, sino que sus pensamientos se habían tornado oscuros. Se había convencido de que lo peor acontecería sobre él y su familia.

Las personas solían hacer preguntas sobre el origen de su ansiedad: ¿era un mal debido a sus circunstancias, era psicólogo o se trataba de un tema espiritual? Luego de haberlo considerado, la respuesta era "sí". Muchos factores fueron la causa. Él dice: "el estrés tiene una manera de calentar las cosas hasta llegar a un punto en el que hasta aquellos con la mayor tolerancia son susceptibles a su fuerza de destrucción".

Además de las circunstancias y los pensamientos, los químicos de nuestro cerebro terminan por desbalancearse y el enemigo es rápido en aprovechar esas oportunidades para realizar su ataque en nuestros puntos de mayor debilidad.

En el famoso pasaje Filipenses 4:6-7, Pablo nos desafía a que nada nos ponga ansiosos, pero también a orar agradecidos. Es sorprendente que pida agradecer antes de haber ganado, y si lo pensamos mejor, Él se encontraba en una situación de gran prueba mientras escribía desde la prisión sin saber lo que acontecería. Pero, su carta es de gozo y regocijo. Es impresionante, en medio del dolor, podemos alabar. Pienso que Pablo era sincero y pide hacer lo que él mismo experimentaba: gratitud, en medio de la batalla.

Brian tomó este desafío con seriedad y descubrió que nunca se ha quedado sin algo que celebrar. Él ha pasado por las pruebas más difíciles, pero siempre ha podido mantener la actitud de agradecimiento a Dios. La expresión de gratitud le ha ayudado a cambiar su perspectiva y discernir las intenciones de Dios sobre sus circunstancias.

Él sabe que si deja a su mente cargarse de pensamientos estresantes y fatalistas, finalmente, volverá a tener esa sensación de "muerte inminente". Pero, ha hecho de su rutina de agradecimiento un acto obligatorio, aún si debe forzarse a hacerlo. Así se aleja del pánico que busca su lugar y percibe que sus cargas se van.

Sus palabras: "No digo que sea una fórmula artificiosa para una vida libre de ansiedad. Pero, el principio de alabar a Dios aun a través del dolor es una ruta hacia su presencia dadora de vida, que nos ofrece paz".

Conclusión

Es posible que te hayas sentido identificado con alguna de estas historias o una parte. Cualquiera sea la parte del proceso que estés experimentando contra la ansiedad, recuerda que Dios tiene poder. Él levantó a Cristo de los muertos y, ahora, vive en ti.

La presencia de la ansiedad no significa que te falte fe o confianza. Es posible, que sea parte del proceso de aprendizaje para descansar en Dios y acercarnos más a Él. La ansiedad que parece algo malo, puede traerte el regalo de la dependencia de Dios. En Jesús, puedes vivir libre de la ansiedad aun cuando haya mucho por lo cual estar ansioso.

Vuelve a leer este texto buscando creer en cada palabra:

Por nada estéis afanosos, sino sean conocidas vuestras peticiones delante de Dios en toda oración y ruego, con acción de gracias. Y la paz de Dios, que sobrepasa todo entendimiento, guardará vuestros corazones y vuestros pensamientos en Cristo Jesús.

(Filipenses 4:6-7)

Esta puede ser tu realidad. Puedes tener una paz superior: "la paz de Dios". Tal vez, tu situación no cambie ni desaparezcan los factores estresores, pero ten por seguro que la respuesta de Dios será, más de Él en ti.

Padre, gracias por tu constante presencia en mi vida. Vengo a ti pidiendo la paz que solo Tú ofreces. Quiero más de ti. Hazte presente en todas las áreas de mi vida. Ayúdame a descansar por completo en ti. Dejo en ti mis preocupaciones y temores. Ayúdame a depender de ti en todo. Te entrego todo mi ser. En el nombre de Jesús. Amén.